LES BELLES HISTOIRES DES PROPHÈTES

JÉSUS

L0206862

Auteur
HABIB AFFES

Illustrations
GIBIE

JSF Editions

Marie grandit à Nazareth, en Palestine, dans l'innocence, la vertu et la chasteté. Tout le monde l'admire.
Un jour, alors qu'elle se trouvait seule dans sa maison en train d'adorer Dieu, l'ange Gabriel vint vers elle. Dieu l'avait envoyé sous une apparence humaine, et elle eut peur de lui.

— Je te salue, Marie, dit Gabriel, Dieu t'a choisie pour être la mère du Messie.

Marie fut très étonnée par ses paroles. Comment serait-il possible qu'elle ait un enfant, alors qu'elle n'était pas mariée et qu'aucun homme ne l'avait touchée...?! Mais l'Ange lui dit : « N'aie pas peur. Dieu est tout puissant. Il est capable de créer ce qu'Il veut. Bientôt, tu auras un enfant. Tu l'appelleras Jésus. »

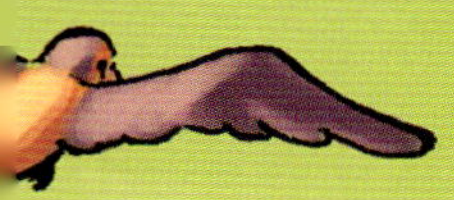

Lorsque arriva le moment de la naissance, Marie s'éloigna de sa maison et accoucha sous un dattier.
Elle était dans une situation si difficile, qu'elle aurait préféré être morte avant de devoir traverser cette rude épreuve.
Une minute s'était à peine écoulée que son bébé qui venait de naître se mit à lui parler pour la réconforter :
— « Ô chère mère ! N'aie pas peur et ne t'afflige pas ! Dieu a fait couler à côté de toi une rivière pour que tu puisses boire. Secoue le tronc de ce dattier, de bonnes dattes mures et fraîches tomberont sur toi. Alors, mange, bois et tranquillise-toi. Quand tu verras quelqu'un, ne lui adresse pas la parole, c'est moi qui lui répondrai à ta place…!»
Marie retourna vers la ville portant son enfant.

La nouvelle de la naissance de Jésus, né sans père et qui a parlé dans le berceau, parvint au roi Hérode, l'empereur des Romains.
Le roi sentit que cet enfant menaçait son trône.
Il envoie des soldats pour tuer l'enfant Jésus.
Un ange prévient Marie : « Vite ! Il faut cacher Jésus. Hérode veut le tuer. Partez en Egypte. »
Dans la nuit, Marie s'enfuie en Egypte avec Jésus.
Ils passèrent quelques années en exil en Egypte, puis le roi Hérode mourut. Alors, dès qu'ils l'apprirent, Marie et son enfant revinrent vivre chez eux, à Nazareth.

Jésus passa son enfance au milieu des assemblées de savants. Avide de savoir, il s'était attaché à apprendre à lire les rouleaux sacrés où étaient consignées la loi de Moïse et la parole des prophètes.
Il consacrait aussi son temps à écouter les débats et les discussions des grands savants de la religion.
Il se déplaçait d'un endroit à l'autre pour les rencontrer, tant il avait soif de savoir.
Il suivait partout les cercles d'enseignement de la religion.
Puis, il commença à s'impliquer activement dans les débats et à réfuter certains propos des savants, leur donnant des preuves et des arguments évidents.

Pour montrer que l'amour de Dieu est plus fort que les maladies et les malheurs, Jésus fait souvent des choses extraordinaires, qu'on appelle des miracles.
Il guérissait des malades, il redonnait la vue aux aveugles.
Il pouvait même faire revivre des gens qui étaient morts.
Avec de la glaise, il modelait une forme d'oiseau, puis il soufflait dedans, et la glaise devenait un oiseau vivant !
En agissant ainsi, Jésus veut que les hommes aient confiance en lui et sachent qu'il agit au nom de Dieu.

Certains murmuraient à Jésus : « Parmi ceux qui te suivent, il y en a qui se sont mal conduits ! Et tu ne les chasse pas ! »
Alors Jésus leur raconta cette histoire :
« Un jour, un fils partit dépenser sa part d'héritage, faisant mille bêtises. Longtemps après, devenu misérable, il trouva le courage de se présenter devant son père :
— Pourras-tu jamais me pardonner ? dit-il.
— Qu'on prépare la fête ! Mon fils cadet, le vagabond, est de retour ! cria le père à travers la maison, pour toute réponse.
Il était fou de joie. Mais son fils aîné se vexa :
— Tu fais tuer un veau gras pour mon frère, ce fils prodigue ? Pour moi, qui travaille dur à ton côté, tu ne l'as jamais fait !
Le père regarda son aîné avec douceur :
— Allons ! T'ai-je jamais refusé quelque chose, à toi ? Mais aujourd'hui, fêtons ton frère qui était perdu et qui revient vers nous ! »

Les Docteurs de la loi étaient effrayés de voir un tel engouement pour Jésus. Et puis, les gens s'éloignaient de plus en plus d'eux.
Alors, lorsqu'ils furent désespérés par sa résistance, et qu'ils se sentirent incapables de contrer son Message, ils en vinrent à la ruse et la machination.
Ils allèrent se plaindre de Jésus à leur gouverneur romain.
Ils enjolivèrent leur accusation en prétendant que Jésus déclarait être le roi des juifs.
Le gouverneur les crut, aussi stupide que cela paraisse.
Et il décida sur le champ de faire arrêter Jésus et de le tuer.
Ainsi, le complot contre Jésus se concrétisa.

Dieu éleva Jésus dans le ciel et il disparut dans un éclat de lumière.